Philologie und Freiheit

Fröhliche Wissenschaft 080

Sheldon Pollock

Philologie und Freiheit

Aus dem Englischen
von Reinhart Meyer-Kalkus

Mit einem Vorwort
von Andreas Eckert

Matthes & Seitz Berlin

Vorwort

Nichts scheint für die Geisteswissenschaften so beständig wie das Gerede von ihrer Krise. Doch während die einen den zunehmenden Konformitätsdruck, den wachsenden Zwang zur Unterordnung an natur- und lebenswissenschaftliche Spielregeln, beständige Rankings und Evaluierungen der gesellschaftlichen Nützlichkeit und »Employability« geisteswissenschaftlicher Disziplinen, schlechte Ausbildungsbedingungen und düstere Zukunftsaussichten für den akademischen Nachwuchs sowie das drohende Aussterben gerade kleinerer Fächer beklagen, sehen andere, zumindest für Deutschland, die Geisteswissenschaften im Aufwind, verweisen auf zahlreiche Forschungsprojekte, kontinuierlich hohe Studierendennachfrage, die sichtbare Präsenz geisteswissenschaftlicher Themen und ihrer Vertreterinnen und Vertreter in Öffentlichkeit und Medien sowie den ungebrochenen Strom geisteswissenschaftlicher Publikationen.

Zu den wichtigeren Transformationen der letzten Jahre in diesem Feld gehört ohne Zweifel der Aufstieg transregionaler Forschungsperspektiven und die verstärkte Gesellschaftsfähigkeit regionalwissenschaftlicher Fächer. Das in Berlin angesiedelte »Forum Transregionale Studien« ist Teil der in den letzten Jahren immer sichtbarer werdenden Initiativen und Institutionen, die einen Beitrag zu leisten suchen, die liebevoll-herablassend als »kleine Fächer« bezeichneten Area Studies aus Marginalisierung und Überforderung zu befreien und zugleich zu verdeutlichen, dass die Verflechtung der Welt nur durch die Einbeziehung dieser Fächer angemessen interpretiert werden kann. Dabei geht es nicht allein um die Überwindung der alten Frontstellung »regionale Expertise« versus »systematische Disziplin«, sondern auch darum, die Vernetzung unterschiedlicher Regionalexpertisen voranzutreiben. Denn nicht nur Afrikanisten und allgemeine Soziologen sprechen bisher eher wenig miteinander, auch ein Dialog zwischen Afrikanisten und Japanologen findet bisher kaum statt.

Die Philologien bildeten lange den Kern regionalwissenschaftlicher Expertise. Doch gerade sie, und vor allem jene Varianten, die sich mit älteren Texten etwa in Arabisch oder Sanskrit auseinandersetzen, scheinen nicht nur besonders stark die vermeintliche »Nutzlosigkeit« von Geisteswissenschaften zu repräsentieren, sondern auch wenig vom Aufschwung der Area Studies zu profitieren. Im Gegenteil: Eine typische Kritik an die Islamwissenschaften nach dem 11. September 2001 lautete, sie hätten sich nicht um die Analyse des radikalen Islamismus gekümmert, sondern über alte Texte gebeugt. Warum also Philologie? Dieser Frage widmet sich in diesem Büchlein Sheldon Pollock, einer der weltweit renommiertesten Indologen und Professor an der New Yorker Columbia University. Er will sich mit seinem Text jedoch nicht – trotz des auch von ihm konstatierten rapiden Rückgangs entsprechender universitärer Posten – in den Jammerchor jener einreihen, welche für die Malaise der Philologie allein die anderen verantwortlich machen. Diese Malaise, schreibt er, »ist zum Teil auch die Folge unseres eigenen Verhaltens, eine Folge des Versäumnisses der Philologen, ihre eigene Sache, die der Philologie, stark zu machen.« Er geht sogleich in die Offensive: Selbst Philologen hätten noch nicht recht begriffen, »dass Philologie vielleicht die exemplarischste Fachdisziplin für eine Welt-Universität des 21. Jahrhunderts sein könnte, dass sie in ihren besten Hervorbringungen und Aktivitäten die Kultivierung von Werten anleitet, die für unser intellektuelles, soziales und ethisches Leben unverzichtbar sind.« Gut gebrüllt, Löwe! Pollock listet auf den folgenden Seiten mit Verve all die Eigenschaften beziehungsweise »Tugenden« auf, die aus seiner Sicht die Philologie auszeichnen und sie wie wohl keine zweite Form des Wissens in die Lage versetzen, »Lektionen der Wahrheit, der Solidarität mit anderen in Vergangenheit und Gegenwart sowie des kritischen Selbstbewusstseins« zu vermitteln. Es bleibt zu hoffen, dass sich jene Politiker, Wissenschaftsverwalter und Wissenschaftler, die die Philologie als Elfenbeinturmdisziplin ansehen, die für die Gegenwart nichts mehr beizutragen habe, mit diesen kraftvollen Argumenten auseinandersetzen.

Das von Pollock beschworene große Potential philologischer Forschung im Zeitalter der Globalisierung ist auch Gegenstand des am Forum Transregionale Studien angesiedelten Programms »Zukunftsphilologie«, das international (und das heißt nicht nur im nordatlantischen Raum, sondern ebenso in Afrika, Asien und dem Nahen Osten) beträchtliche Resonanz erfährt. Dieses Programm hat sich auf die Fahnen geschrieben, den philologischen Kanon über Europa hinaus zu erweitern und im Sinne Pollocks historische Selbstwahrnehmung, konzeptionelle Universalität und methodischen Pluralismus zu praktizieren. In diesem Sinne suchen die beteiligten Forscherinnen und Forscher Initiativen, Theorien, Methoden und Einsichten von Gelehrten über lange Zeiträume und in der ganzen Welt wiederzuentdecken und für die Probleme der Gegenwart zu revitalisieren. Auf diese Weise betreiben sie im besten Sinne eine auf regionalwissenschaftlicher Expertise ruhende transregionale Forschung.

Andreas Eckert

Im Dezember 2012 konnte ich am Centre for the Study of Developing Societies in New Delhi im Rahmen einer gemeinsam mit dem Forum Transregionale Studien organisierten Zukunftsphilologie-Winterschule zum Thema »Philologies across the Asias« teilnehmen und dabei vor einem Publikum von 200 Zuhörern sprechen. Das Thema war den Zuhörern im Saal aber so gut wie unbekannt – was überraschend und einigermaßen betrüblich ist, wenn man die jahrhundertealte Tradition der Philologie in Indien bedenkt. Ich nehme dies als ein Symptom für die bedrohliche Lage, in der sich die Philologie aktuell nicht nur in Indien, sondern weltweit befindet. Denn so wie es gewiss keine Form des Wissens gibt, die zentraler für das Verständnis unseres Lebens heute ist, so gibt es gewiss auch keine, die weniger verstanden wird und in größerer Gefahr zu verschwinden ist als sie.

Vor dem Hintergrund der modernen Geschichte der Philologie in Europa war es nur natürlich, dass Zukunftsphilologie in Deutschland entstand, und zwar in Berlin. Denn wie viele von Ihnen wissen, war es Friedrich August

Wolf, der spätere Herausgeber und Kritiker der Homerüberlieferungen, der 1777 die Philologie in Westeuropa als eine moderne akademische Disziplin begründet hat. Als 18-jähriger Student der Universität Göttingen insistierte er darauf, dass er unter diesem disziplinären Titel eingeschrieben werden müsse – und nicht als Theologe, wie dies für Klassische Philologen vor ihm galt. Und es war an dem Ort, an dem wir uns heute befinden, nämlich an Wilhelm von Humboldts neuer Berliner Universität Unter den Linden (an die auch Wolf sehr bald berufen wurde), wo Franz Bopp, der erste Professor für Sanskrit in Berlin im Jahre 1821, die Teildisziplin der Vergleichenden Philologie erfand, mit ganz erheblichen Folgewirkungen für die gelehrten Studien in Europa, wie dies Michel Foucault in seiner berühmt gewordenen Zusammenschau von Ricardo, Cuvier und Bopp aufgezeigt hat.[1] (Was Sie vielleicht nicht wissen, ist die Tatsache, dass Bopps bester Sanskrit-Student niemand anderer war als Wilhelm von Humboldt.[2]) An deutschen Universitäten erlangte die Philologie in der zweiten Hälfte des 19. Jahrhunderts eine intellektuelle und institutionelle Macht, die sie in keiner Periode der Weltgeschichte vorher besessen hatte, vielleicht mit Ausnahme des späten chinesischen Kaiserreichs, wo die »auf Evidenz beruhenden Untersuchungsmethoden« (kaozheng xue) nach

1700 so lange einen Rahmen für gründliche Forschungen bilden konnten, bis sich die chinesischen Wissenschaften nach Westen orientierten.[3]

Diese Dominanz hat die Philologie seitdem verloren, und zwar fast überall. Stellen Sie sich nur vor, dass Sanskrit zum ersten Mal seit den Lebzeiten von Bopp heute an Berliner Universitäten nicht mehr gelehrt wird. Und diese Berliner Situation ist keineswegs singulär. Das Programm Zukunftsphilologie wurde gerade vor dem Hintergrund dieser breiten, ja globalen Erosion der Philologie entworfen, für die der Berliner Fall nur ein Symptom ist. Vor unseren Augen eröffnet sich der ernüchternde Prospekt einer Welt, die zum ersten Mal seit 3000 Jahren ohne Philologie sein kann.

Eine post-philologische Zukunft?

Mir ist natürlich bewusst, dass Geisteswissenschaftler im Allgemeinen und Philologen ganz besonders verdächtigt werden, ihre Fächer, seitdem es sie gibt, in der Krise zu sehen oder zu phantasieren. »Das Jahrhundert der Literaturkritik und der Philologie ist vorbei, Philosophie und Mathematik haben ihren Platz eingenommen«, rief der französische Philologe Ismael Boulliau im Jahr 1657 aus.[4] Philologie habe insgeheim schon immer »ihren aktuellen Untergang« beklagt, so wurden wir kürzlich belehrt.[5] Aber selbst wenn das, was wir gegenwärtig beobachten, mehr die Züge einer Wiederholung als die einer Revolution trägt, müssen wir zugestehen, dass es, in seiner vollen Bedeutung genommen, gerade deshalb so besorgniserregend ist, weil es keine historische Parallele hat. Die wichtigste dieser Entwicklungen besteht zweifellos in dem Faktum, dass die Kenntnis von fremden Sprachen, ohne die es keine Philologie geben kann, die diesen Namen verdient, überall auf der Welt zurückgeht, und zwar in einer Weise, die mit dem weltweiten Artenschwund und dem Verlust von Biodiversität vergleichbar ist. Lassen Sie mich Ihnen dafür zwei Beispiele geben, das eine aus Indien, das andere aus Europa.

Seit seiner Befreiung von kolonialer Fremdherrschaft im Jahr 1947 konnte sich Indien rühmen, in einem Dutzend von klassischen Literatursprachen – von Assamese bis zu Oriya und von Persisch bis zu Urdu – erstklassige und weltweit anerkannte wissenschaftliche Leistungen hervorgebracht zu haben. Heute ist es fast unmöglich, dort noch Wissenschaftler zu finden, die eine tiefere Kompetenz in irgendeiner dieser Sprachen haben. So kann man beispielsweise an keiner Universität in Indiens Hauptstadt noch das klassische Hindi studieren, obgleich Hindi doch Indiens *rashtrabhasha*, also seine nationale Sprache ist; Persisch ist als akademisch-wissenschaftlicher Gegenstand fast verschwunden, und selbst Sanskrit weist nur sehr wenige Gelehrte auf, welche eine wissenschaftliche Statur haben, die vergleichbar wäre mit der einiger Kollegen vor der Unabhängigkeit. Ganz selten findet man indische oder südasiatische Philologen, die für ein internationales Publikum schreiben könnten. Kein einziges wissenschaftliches Institut in Indien widmet sich der Philologie oder den Klassischen Studien. Alle Textreihen, in denen in der ersten Hälfte des 20. Jahrhunderts Ausgaben klassischer Texte publiziert wurden, sind eingestellt worden. Es gibt auch keine indischen, der Philologie gewidmeten wissenschaftlichen Zeitschriften, die einen internationalen Rang und Leserschaft hätten. Kurzum, alle Anzeichen, die ich finden kann, und alle empirischen Anhaltspunkte deuten darauf hin, dass es durchaus vorstellbar ist, dass, sofern der gegenwärtige Trend anhält, innerhalb einer einzigen oder allenfalls in zwei Generationen die Zahl jener Menschen einen statistischen Nullpunkt erreicht haben wird, die noch in der Lage sind, die historischen Sprachen Indiens zu lesen – und damit dreitausend Jahre Literatur, die längste, kontinuierlichste, und reichste multikulturelle literarische Überlieferung der Weltgeschichte – einen statistischen Nullpunkt erreicht haben wird.

Leider gilt dasselbe für Europa. Schauen Sie sich nur die jüngsten Entwicklungen im Falle des Sanskrits an. In den letzten Dekaden wurden allein 7 Lehrstühle für Sanskrit in Deutschland gestrichen, und in den Niederlanden ist von 20 ein einziger übriggeblieben. In Cambridge und Edinburgh wurden Traditionslehrstühle durch Lehrbeauftrage ohne klare akademische Zukunft ersetzt. Und was mit Sanskrit geschieht, ist keine Ausnahme, sondern die Regel. Ich bin auch keineswegs der Einzige und auch nicht der Erste, der diese Entwicklungen beobachtet. Bereits 1949 warnte Erich Auerbach, einer der wohl angesehensten und gelehrtesten Philologen nach dem Zweiten Weltkrieg, vor einem unmittelbar bevorstehenden Verschwinden der Philologie. Er schrieb: »Der Verlust des Blickes auf dieses Schauspiel [er bezog sich dabei auf die antike und mittelalterliche Literatur Europas, zu der nur die Philologie einen Zugang vermitteln kann] … wäre eine Verarmung, für die nichts entschädigen könnte.«[6] Die aktuelle Situation übertrifft noch das, was Auerbach vor Augen stand, insofern akademische Stellen in der Philologie – vom Sumerischen über das Syrische bis zum Slawischen und zu Sanskrit (um nur die

Philologien mit S-Anfangsbuchstaben zu nennen!) – in jedem Land der Europäischen Union unter einen mit jedem Jahr sich verstärkenden Druck geraten sind.

Um all das mit einer passend dramatischen – für manche vielleicht dramatisierenden – Formel auf einen Nenner zu bringen: Möglicherweise stehen wir an der Schwelle zu einer Entwicklung von historischer Bedeutung, nämlich dem Anbruch einer Welt (oder eines guten Teils der Welt) ohne Philologie, und das zum ersten Male seit dem Aufstieg des philologischen Wissens vor 3.000 Jahren in den babylonischen und assyrischen Text-Kommentaren.[7] Das ist in der Tat das große Fragezeichen hinter dem Namen »Zukunftsphilologie« in diesem Zusammenhang: Hat Philologie überhaupt noch eine Zukunft?

Indem ich Ihnen diese Schlussfolgerung nahelege, bin ich der Erste, der anerkennen würde, dass ich dabei zwei unbewiesene Hypothesen voraussetze. Die eine besteht in der Unterstellung, dass wir alle wüssten, was Philologie ist, und die andere damit verbundene darin, dass wir alle nur zu gut verstünden, warum sie erhalten bleiben sollte. Ich bin davon überzeugt, dass weder die eine noch die andere Prämisse heute mehr zutreffend ist. Gewiss ist die gegenwärtige Malaise der Philologie zu einem guten Teil der allgemeinen Malaise der Geisteswissenschaften geschuldet, in einer Zeit des Knapperwerdens von Ressourcen und von Risiken in globalem Zuschnitt, wie sie bislang unbekannt waren, wie etwa dem Klima-Wandel durch die Erderwärmung oder der Verbreitung von Massenvernichtungswaffen; die Verknappung der Ressourcen rührt zum Teil aus der gut begründbaren Umwidmung von intellektuellen und finanziellen Ressourcen zur Lösung eben dieser Probleme. Aber die Malaise ist zum Teil auch die Folge unseres eigenen Verhaltens, eine Folge des Versäumnisses der Philologen, ihre eigene Sache, die der Philologie, stark zu machen. Natürlich ist es einfach, Plattitüden zu wiederholen, etwa die, dass ein nicht wissenschaftlich erforschtes Leben heute nicht mehr lebenswert sei, dass eine aufgeklärte Bürgerschaft unverzichtbar für das gute Funktionieren einer Republik sei, dass die Geisteswissenschaften eine einzigartige Fähigkeit hätten, unser kritisches und kreatives Nachdenken zu stärken, um uns auf diese Weise zu besseren Arbeitern oder Managern zu machen. Aber worin wir Philologen überraschenderweise ausgesprochen ungeschickt sind, ist die Fähigkeit, Argumente für die Philologie aus dem philologischen Zusammenhang heraus zu begründen, im Sinne von Friedrich Schlegels Forderung: »Der Philolog soll (als solcher) philosophiren.« (»Ganz etwas andres«, fügte er noch hinzu, »sagt der Satz: Der Philosoph soll die Philosophie auch auf die Philologie anwenden.«)[8] Dieses Versäumnis rührt zum Teil aus dem Umstand, dass wir Philologen die Tatsache noch nicht zureichend begriffen, geschweige denn angemessen gewürdigt haben, dass Philologie vielleicht die exemplarischste Fachdisziplin für eine Welt-Universität des 21. Jahrhunderts sein könnte, dass sie in ihren besten Hervorbringungen und Aktivitäten die Kultivierung von Werten anleitet, die für unser intellektuelles, soziales und ethisches Leben unverzichtbar sind: die Verpflichtung zur Wahrhaftigkeit, zur menschlichen Solidarität und zur kritischen Selbstreflexion. Diese Annahmen hinsichtlich des Wesens der Philologie und ihrer Werte sind im Zentrum dessen, was ich Ihnen heute Abend auseinandersetzen will. Wenn ich dementsprechend von »Philologie und Freiheit« spreche, so werde ich mich zuerst damit befassen, wie die Philologie sich von sich selbst – und vielleicht von uns Philologen! – befreien kann, und sodann, auf welche Weise Philologie uns dabei helfen kann, uns selber als Wissenschaftler und Bürger zu befreien.

Was ist Philologie gewesen, und was ist sie heute?[9]

Aus Zeitgründen muss ich mir am heutigen Abend versagen, über Philologie in Indien, China, der arabischen Welt und anderen Teilen der nichtwestlichen Welt zu sprechen. Das institutionelle Schicksal der Philologie in der westlichen Welt, auf das ich mich beschränken muss, war aufs Engste verknüpft mit ihrem eigenen Verständnis von ihrem Wesen und ihren Zielsetzungen, also ihrem disziplinären Selbstverständnis. Historisch betrachtet kann man eine enge Korrelation erkennen: Je tiefer die Philologie ihre eigene Bedeutung reflektierte und je anspruchsvoller ihre intellektuellen Ansprüche an sich selber waren, desto gewichtiger war ihre institutionelle Präsenz – und umgekehrt. Von der Zeit an, als sich Philologie als eine eigene akademische Disziplin verstand, kann man die Geschichte dieser Korrelation und des damit einhergehenden Aufstiegs und Falls erzählen.

Der Philologie wird unterstellt, dass sie als unabhängige Form des akademischen Wissens in dem Augenblick hervortrat, als der junge Wolf bei der Einschreibung in der Universität Göttingen erklärte, dass er »Philologe« (studiosus philologiae) sei, wie ich dies bereits angedeutet habe, womit er der erste offizielle Student dieses

Faches in Europa war. Natürlich liegen die Dinge viel komplizierter, als diese Legende über Wolf nahelegt. Man muss nur in Betracht ziehen, dass schon eine Generation früher ein philologisches Seminar in Deutschland eingerichtet worden war und dass Wolfs eigener Lehrer, der bedeutende Klassische Philologe Christian Gottlob Heyne sich darum bemühte, die Altphilologie, in der man das Rezitieren, das Rekonstruieren und das Disputieren lernen sollte, in eine genuin historistische und hermeneutische Disziplin umzuwandeln.[10] Aber solche Fragen nach der chronologischen Präzedenz beeinträchtigen in keiner Weise Wolfs Bedeutung. Denn diese liegt weniger darin, dass er der erste Student dieses Faches war, als vielmehr darin, dass er danach strebte, die Autonomie der Philologie durch ihre Trennung von der Theologie zu sichern. Sie sollte nicht länger nur ein Propädeutikum und damit eine Magd der Theologie sein, sondern eine unabhängige Form des Wissens.[11]

Zwei Dekaden später skizzierte der romantische Philosoph Friedrich Schlegel seine »Philosophie der Philologie« (1797), die noch andere Wissensfelder umfassen sollte als Wolfs Teilfächer-Triade Grammatik, Textkritik und historische Analyse. Für Schlegel sollte Philologie nichts weniger als Sprachgelehrsamkeit sein, mithin alles in sich einschließen, was in Sprache verfasst ist. Damit erhob Philologie freilich einen »außerordentlichen und geradezu unermeßlichen« – um nicht zu sagen einen »ungeheuren«, also monströsen Anspruch.[12] In dieser Hinsicht mochten Schlegels Überlegungen freilich schon von Giambattista Vico ein halbes Jahrhundert früher vorweggenommen worden sein, der (in seiner *Scienza Nuova*, 1725) forderte, dass Philologie nicht allein eine Untersuchung der menschlichen Sprachen und Taten sein sollte, sondern vielmehr eine »Wissenschaft von all dem, was vom menschlichen Willen abhängig ist; zum Beispiel alle Geschichten von Sprachen, Sitten und Taten unterschiedlicher Völker in Kriegs- und Friedenszeiten«.[13] Nun zielte Schlegels Definition eher auf eine konzeptuelle Klarstellung als auf eine alternative Organisation dieses Wissens ab. Seine generelle Schlussfolgerung bei der Proklamation einer philologischen Philosophie bestand darin, dass Philologie und Interpretation identisch sein sollten: »Man nennt die Philologie auch oft Kritik, insofern bei der Sprachgelehrsamkeit auf richtiges Verständnis im Erklären und Deuten [...] alles ankommt.«[14] Die prägnanteste Zusammenfassung dieser großen Vision der Philologie als einer Art von totalem Wissen des sprachbasierten menschlichen Denkens stammt von August Boeckh, einem Studenten von Wolf und später selber Professor an der

Berliner Universität (von 1811 bis zu seinem Tod 1867): Nach Boeckhs lapidarer Formulierung besteht »die eigentliche Aufgabe« der Philologie im »Erkennen [des vom menschlichen Geist Producirten, d. h.] des Erkannten«.[15] Es war dieses von Wolf, Schlegel, Boeckh und anderen begründete disziplinäre Selbstverständnis, das – natürlich in einem komplexen dialektischen Wechselverhältnis – einherging mit der Fähigkeit der Philologie, die Position einer Art von akademischer Leitdisziplin in der vorhin schon skizzierten Weise zu erringen.

Dies waren die luftigen Höhen der frühen Tage der Konzeptualisierung und Institutionalisierung der Philologie, in denen das Fach sich geradezu grenzenlos vor dem inneren Auge erstreckte und – wichtiger noch – seine Theorien und Methoden tatsächlich das Selbstverständnis akademischer Forschung und wissenschaftlicher Unternehmungen auch in anderen Bereichen von der Anatomie bis zur Zoologie prägten.[16] In der zweiten Hälfte des 19. Jahrhunderts versuchten die Gelehrten dann, einen bescheideneren und in der Tat vernünftigen mittleren Weg einzuschlagen. Für den in seiner Generation visionärsten und kritischsten Philologen, für Friedrich Nietzsche, war die Philologie, wie er in einer berühmten Passage seines Vorworts zu *Morgenröte* formulierte, die Praxis des »langsamen Lesens«:

»eine Goldschmiedekunst und -kennerschaft des Wortes«, und »gerade dadurch zieht sie und bezaubert sie uns am stärksten, mitten in einem Zeitalter der ›Arbeit‹, will sagen: der Hast, der unanständigen und schwitzenden Eilfertigkeit, das mit Allem gleich ›fertig werden‹ will.«[17] Man sollte nicht gleich unterstellen, dass dies einfach eine unzeitgemäße oder antimoderne Konstruktion dieser Form des Wissens gewesen sei. Weit entfernt davon! Nach Nietzsche lehrt uns Philologie etwas Ursprüngliches: »gut lesen, das heisst, langsam, tief, rück- und vorsichtig, mit Hintergedanken, mit offen gelassenen Thüren, mit zarten Fingern und Augen lesen«.[18] In der weniger poetischen Sprache eines seiner letzten publizierten Werke beschreibt Nietzsche die Philologie vor allem als einen besonderen Stil der Hermeneutik: »Philologie als Ephexis in der Interpretation« – also als Zwang zur Interpretation wie auch als Zurückhaltung gegenüber jeder Interpretation, wodurch wir lernen, »Tatsachen ablesen (zu) können, ohne sie durch Interpretation zu fälschen, ohne im Verlangen nach Verständnis die Vorsicht, die Geduld, die Feinheit zu verlieren.« Nietzsches »Gut Lesen« gilt nicht nur für griechische oder lateinische Klassiker (oder arabische, chinesische oder solche in Sanskrit), sondern ganz allgemein, »handle es sich nun um Bücher, um Zeitungs-Neuigkeiten, um Schicksale oder Wetter-Thatsachen, – nicht zu reden vom ›Heil der Seele‹.«[19]

Der Abstieg von dieser starken mittleren Position der Philologie war bereits zu Beginn des 20. Jahrhunderts unverkennbar. Repräsentativ dafür ist William Dwight Whitney (1827–1894), ein amerikanischer Sanskritist und Protolinguist (»proto«, weil Linguistik zu dieser Zeit noch keine unabhängige Disziplin war). In seinem Beitrag zu der berühmten 11. Auflage der Encyclopedia Britannica definierte er die Philologie in geradezu vicohafter Weise als »jenen Zweig des Wissens, der mit der menschlichen Rede und allem was Sprache über die Natur und die Geschichte des Menschen enthüllen kann.«[20] Whitney war sowohl in diesem Lexikonartikel als auch in seiner langen Gelehrtenkarriere ausschließlich mit der »Instrumentalität des (Gedanken-) Ausdrucks« beschäftigt, d. h. mit den sprachlichen Ausdrucksmitteln, während ihn die ausgedrückten Gedanken, also Literatur und andere Formen der Schriftlichkeit wenig interessierten. In dieser Hinsicht war er nur ein Repräsentant der bevorstehenden Entwicklungen.

Nach dem Rezept von Whitney in der Mitte aufgeteilt, musste der große Neunzehnte-Jahrhundert-Palast der Philologie erleben, wie eine seiner beiden grundlegenden Abteilungen durch die neue Wissenschaft der Linguistik expropriiert wurde.[21] Doch auch der andere Teil wurde schnell aufgeteilt, die begehrtesten Räume wurden von den schon früher genannten Subdisziplinen erobert, von der Komparatistik und in jüngster Zeit von der Literaturtheorie. Was von dem Palast dann noch übrig blieb, wurde in Miethauswohnungen unterteilt und an eine Ansammlung von regionalen und Nationalphilologie-Abteilungen vermietet (ostasiatische, nahöstliche, romanistische, slawistische, südasiatische, uralaltaische … und natürlich anglistische und klassische), wobei die schlechteren Wohnungen jenen Disziplinen vorbehalten blieben, die auf der kulturevolutionären Skala niedriger eingestuft wurden, wie etwa Indien und Afrika, Letzteres natürlich ganz unten. Wenn Philologie heute so gründlich gering geschätzt und im akademischen Kellergeschoss einquartiert wird, so kann dies als Folge all dieser Fragmentierungen letztlich nicht weiter überraschen. Philologie führt heute eine bleiche, geradezu gespensterhafte Existenz, sofern sie überhaupt noch lebendig ist – als »protohumanistische empirische Wissenschaft, … die nicht länger als solche existiert«, wie ein etwas kurzsichtiger, gewiss aber für viele andere sprechender Beobachter gemeint hat.[22] Wenn wir uns auf das verlassen, was Philologen selber sagen, so besteht alles, was ihr geblieben ist, in dem, was andere Fächer hinter sich gelassen haben: Textkritik, bibliographische Recherche, historische Grammatik, Korpus-Linguistik. Dieses sind fraglos wichtige methodische Komponenten der Philologie, aber sie sind nur Teile, nicht das Ganze; Mittel, nicht der Zweck. Indem wir sie zu einem Ganzen und Zweck in sich selber erheben, wie dies unsere so sehr geplünderte Philologie gezwungenermaßen getan hat, wurde sie bis zur Unkenntlichkeit abgewirtschaftet, und ihre letzte Zuflucht, die vormals so sehr gepriesene Strenge, verwandelte sich in eine Art von *rigor mortis*.

Wie das Programm »Zukunftsphilologie« es implizit fordert, müssen wir die Philologie von dieser Geschichte befreien, wenn wir ihre wirklichen Kräfte als einer Wissens- und Lebensdisziplin wieder freisetzen wollen.

Was könnte eine befreite Philologie sein?

Wenn, mit Antonio Gramsci zu sprechen, es Gründe genug dafür gibt, heute im Denken tief pessimistisch gegenüber dem Schicksal der Philologie zu sein, so fragt sich, ob es denn nicht auch Gründe gibt, wenigstens im Handeln optimistisch zu bleiben. Was mit der Philologie auf dem Spiel steht, ist ja nicht bloß die Fähigkeit, Informationen in einem Text unterzubringen – das wird auf die eine oder andere Weise auch ohne Philologie geschehen, sondern etwas viel Umfassenderes, nämlich die Praxis, »Sinn von Texten zu machen« (»*making sense of texts*«). Dieses ist die Definition, die ich für die Philologie fordere, eine Neu-Definition, die mich – worüber ich mir im Klaren bin – an die Seite von vielen Gelehrten der Vergangenheit bringt, die sich über Wesen und Namen der Disziplin ausgelassen haben.[23] Doch wenn ich von dem eingeengten Gegenwartsverständnis der Philologie zu diesem weiteren Verständnis zurück- oder besser: wieder vorwärts gehe, wie ich es im letzten Teil tue, indem ich mich dem Wesen der Interpretation als der dem Philologen spezifischen Theorie und Praxis zuwende, so belebe ich lediglich eine geschichtliche Entwicklungsdynamik wieder, wie sie Wilhelm Dilthey (und Friedrich Schlegel vor ihm) aufgezeigt hatte: »Die Kunst der Interpretation […] entstand und erhält sich in der […] Virtuosität des Philologen.«[24]

Seit langem schon bin ich der Überzeugung, dass Philologie in ihrer weiten Bedeutung, wenn man sie nur richtig versteht, nämlich als Anwendung von Interpretationen zum Verständnis von Texten in ihrer Originalsprache, den Universitätsverwaltungsleuten und »*decisionmakers*« als eine intellektuelle Aktivität einleuchten müsste, die genauso zentral für die Bildung ist wie Philosophie und Mathematik. Wenn Philosophie kritische Selbstreflexion ist, so ist Philologie die kritische Selbstreflexion der Sprache. Wenn Mathematik die Sprache des Buchs der Natur ist, so ist Philologie die Sprache des Buchs des menschlichen Wesens. Und tatsächlich war ja Philologie in eben diesem Verständnis eine genauso weit verbreitete Disziplin wie Philosophie und Mathematik, wie wenig ihre historische Ausbreitung auch schon erforscht worden ist.[25] Schon diese Geschichte ist eine von mehreren Qualifikationen, welche die Philologie zu einem der führenden Kandidaten für eine herausgehobene Stellung unter allen Disziplinen einer Universität des 21. Jahrhunderts machen würde, die die Globalisierung als eine Form des Wissens ernst nimmt und nicht nur als Werbestrategie der Selbstvermarktung.

Zunächst ist Philologie eine wirklich universelle (und nicht »universalistische«) Form des Wissens; wo immer es Texte gegeben hat, gab es auch Philologie (auch wenn nicht alle Philologien miteinander identisch sind oder Universalität postulieren) – und damit nicht eine partikuläre Form des Wissens, die sich als universell maskiert (so wie, sagen wir, die heute praktizierte Politikwissenschaft, die – zumindest so, wie sie in den USA gelehrt wird – im Grunde eine mathematisierte Version von American studies ist). Zweitens ist Philologie als ein Resultat ihrer Geschichte konstitutiv reflexiv, also hellwach gegenüber ihrer eigenen Künstlichkeit und Historizität als einer möglichen Wissensform, und deshalb grenzenlos anpassungsfähig; in ihrer eigentlichen disziplinären Gestalt »behandelt sie ihre eigene Natur als Gegenstand reflexiver Analysen« (ganz anders als etwa die Ökonomie, die sich quasi selber naturalisiert hat, indem sie aus strategischen Gründen ihre eigene disziplinäre Vorgeschichte unkenntlich gemacht hat).[26] Eine dritte Eigenschaft resultiert aus diesem Selbstbewusstsein: Philologie ist ihrem Wesen nach methodisch und konzeptuell pluralistisch, weil ein Teil dessen, was ich als »Sinn von Texten machen« bezeichne, wie ich noch zeigen werde, in der Untersuchung dessen besteht, wie andere dies getan und sehr häufig ganz anders getan haben, wodurch die Philologie einen genuin vergleichenden Charakter erhält.

Philologie hat noch andere Tugenden jenseits dieser generellen disziplinären Eigenschaften von Universalität, Reflexivität, konzeptuellem Pluralismus und Komparatismus, von denen ich immer überzeugt war, dass sie Wissenschaftsverwalter beeindrucken müssten, wenn sie nur davon wüssten. Philologie ist die beste Voraussetzung für die Pädagogik, besonders und vielleicht überraschenderweise für Pädagogik in ihrer radikalsten Ausprägung (denken Sie nur an Antonio Gramscis philologische Kurse für Arbeiter in den 1920er Jahren), denn sie widersteht – um nicht zu sagen, sie ist der letzte Widerstandsposten gegenüber einer direkten Instrumentalisierung und kommerziellen Nutzung des Wissens, aufgrund derer die Universitäten der Gegenwart weitgehend zu gewerblichen Unternehmensformen geworden sind.[27] Philologie stimuliert die Sorge um das Gedächtnis, was wohl nie so wertvoll war wie heute, da die ganze Menschheit einer Art von Alzheimer-Pandemie zu erliegen droht – eine Verkrüppelung sowohl der Gesellschaft als auch der Individuen. Mit »Sorge um das Gedächtnis« meine ich die pragmatische Form eines Sinns für unsere Vergangenheit, die das Gedächtnis gegenüber seinen Gefährdungen schützt, sich der Instabilität und Fluidität unseres Gedächtnisses aber bewusst ist und die Vergangenheit gegenüber einer verantwortlichen Kritik öffnet. Philologie ermöglicht uns den Erwerb einer »Lebensausstattung« (»*equipment for living*«), um eine Formulierung des amerikanischen Autors Kenneth Burke heranzuziehen, indem sie uns ganz unterschiedliche und nicht selten verblüffend unterschiedliche Konzeptionen dessen verfügbar macht, was es bedeutet, ein Mensch zu sein.[28]

Und endlich ermöglicht Philologie nicht nur eine Begegnung mit der Intelligenz und Schönheit von Texten, welche die kreative Arbeit von Tausenden von menschlichen Bewusstseinen verkörpern, sondern zugleich die unvergleichliche intellektuelle Erfahrung eines Gesprächs mit den Toten. All dies: Pädagogik, Gedächtnis, Zugang zu von der Moderne zerstörten Lebensformen, das Geheimnis einer Kommunikation mit der Vergangenheit – all dies verlieren wir, wenn wir Philologie verlieren, jene Disziplin des Sinn-Machens von Texten, die eine wirkliche Beherrschung der Sprache und Sorgfalt gegenüber der Interpretation von Texten zur Voraussetzung hat.

Neben diesen allgemeinen Eigenschaften und besonderen Tugenden weist die Philologie eine spezifische disziplinäre Einheit für die Form ihres Wissens auf. Überraschenderweise ist dieser Sachverhalt selten – wenn überhaupt einmal – in den Vordergrund gestellt worden, was zur nicht weiter überraschenden Folge hatte, dass Philologie niemals und nirgends, ja nicht einmal in ihren Ruhmestagen im Deutschland des späten 19. Jahrhunderts, die institutionelle Einheit erfahren hat, die sie verdient – und benötigt.

Welche Bedingungen müssen erfüllt sein, damit wir darangehen können, die disziplinäre Autonomie der Philologie zu begründen? Jede Disziplin hat zumindest drei Eigenschaften aufzuweisen. Die erste besteht in einem klar definierten Studienobjekt. Philologie hat ein solches Objekt, nämlich die Sprache, insofern sie sich in Texten konkretisiert, mithin umfasst sie schlechthin alle Texte, wenn man darunter »etwas aus Sprache Gemachtes« versteht (der wunderbare Sanskrit-Terminus dafür ist *vāṅmaya*), gleichgültig, ob dieser Text nun oral, geschrieben, gedruckt oder elektronisch gespeichert ist, ausdrucksvoll oder prosaisch, alt oder zeitgenössisch. Es geht also nicht um eine Theorie der Sprache schlechthin – denn dies ist Sache der Linguistik, und auch nicht um eine Theorie der Wahrheit oder Wahrhaftigkeit von Sprache – dies ist das Geschäft der Philosophie, sondern um eine Theorie der Sprache insofern sie in Texten verwendet wird. Objekt des Studiums der Philologie sind also Texte, deren Geschichte, Existenzweise und Textualität, um nicht von ihrem Inhalt zu sprechen, und natürlich und vor allem die Sprache als *primum movens*, in der sie komponiert sind –, all dies geht aus dem Studium der Sprache selbst hervor, wobei Sprache nicht als einfaches Medium für inhaltliche Zwecke, sondern als Zweck in sich selbst betrachtet wird.

Das zweite disziplinäre Erfordernis ist eine klar unterscheidbare, also distinkte Theorie. Philologie hat eine solche Theorie, wie schon angemerkt, nämlich die Theorie der Interpretation oder umfassender die »Hermeneutik«. Diese Theorie wurde nicht nur in Europa entwickelt, sondern auch in der Antike, im Nahen Osten, in der arabischen Welt, in Indien, China und anderswo, um Sinn von Texten zu machen, und sie besitzt dadurch eine Multidimensionalität, die, angemessen verstanden (was ich für ein angemessenes Verständnis der Multidimensionalität halte, werde ich gleich beschreiben), von zentraler Bedeutung für die Regeneration der Disziplin ist. Drittens ist ein Ensemble von distinkten Forschungsmethoden erforderlich. Die Philologie hat solche Methoden, nämlich grammatische und textkritische Analyse (wie auch kodikologische, paläographische, papyrologische … oder andere Untersuchungsmethoden, je nach dem Gebiet der Forschung), rhetorische und historische Analyse. Philologie besitzt also genau jenes distinkte Studienobjekt, distinkte Grundbegriffe und distinkte Untersuchungsmethoden, welche eine Disziplin erfordert, wie der Anthropologe John Comaroff kürzlich hervorgehoben hat.[29] Was ihr gegenwärtig fehlt, ist einzig und allein Comaroffs vierte Komponente, nämlich ein distinkter Platz in der disziplinären Arbeitsteilung. Das Untersuchungsobjekt und die Grundbegriffe und Methoden der Philologie werden gegenwärtig genauso wie die der Mathematik quer durch alle akademische Disziplinen hindurch verwendet; aber anders als die Mathematik hat die Philologie keine akademische Heimstatt mehr.

Die Zukunft der Philologie als einer akademischen Praxis hängt in hohem Maße davon ab, ob es gelingt, ihr eine solche Heimstatt zu sichern und ihr damit die institutionelle Freiheit zum Überleben, Wachsen und zur Diversifikation zu geben. Dieser Ruf nach einer disziplinären Heimstatt scheint sich in Widerspruch zu setzen zu den in diesen Tagen nicht abreißenden Lobeshymnen zugunsten von Interdisziplinarität. Aber wir können die inter-, multi- oder transdisziplinären Potenzen der Philologie – wie die jeder anderen Form des Wissens – nicht freisetzen, solange die disziplinären Potenzen nicht entwickelt sind, und diese können nicht ohne eine feste institutionelle Einbindung und einen entsprechenden Ort erhalten und entwickelt werden. (Natürlich sollte man mit einer solchen akademischen Disziplinbildung der Philologie gerade hier in Berlin beginnen, aus den genannten historischen, intellektuellen und konzeptuellen Gründen!)

Die Zukunft der Philologie und die Entfaltung ihrer Wirkungskraft hängen natürlich entschieden von der Erläuterung und Begründung der zweiten Annahme ab, die ich soeben gemacht habe, dass wir nämlich verstehen, weshalb es so wichtig ist, die Philologie zu erhalten, weil sie uns dabei helfen kann, uns als Staatsbürger und Individuen zu befreien. Wir stoßen hier auf etwas noch viel Grundlegenderes an der Philologie als alles, was ich bereits erwähnt habe: ihre Fähigkeit zur radikalen Pädagogik, die Sorge um das Gedächtnis oder was auch immer, nämlich etwas, was Nietzsche begriff, als er schrieb, dass Philologie »lehrt gut (zu) lesen«, also »die Kunst, gut zu lesen«. Nietzsche sagte uns auch, was er unter »gut lesen« verstand: »langsam, tief, rück- und vorsichtig« und so weiter. Nun glaube ich, dass man noch viel mehr über dieses »gute Lesen« sagen muss. Für mich besteht dieses Lesen in Übereinstimmung mit dem, was ich eine dreidimensionale Philologie nenne, und dies ist ein Prozess, der uns dabei helfen kann, ein umfassendes Engagement zu fördern, das für unsere Freiheit heute von zentraler Bedeutung ist: Engagement zugunsten von Wahrheit, Solidarität und kritischem Selbstbewusstsein.

Philologie und Freiheit in der Geschichte

Die heroische Ära der Philologie – mit dem stets aktuellen Imperativ, Sinn von Texten zu machen – war durch geradezu prometheische Gesten einer menschlichen Befreiung im politischen wie im spirituellen Bereich gekennzeichnet. Eine der diesem Auditorium wohl bekannten Gestalten aus dem 15. Jahrhundert war Lorenzo Valla, der in seiner Declamatio aufgrund eines neuen Verständnisses des Sprachwandels beweisen konnte, dass die ›Donatio Constantini‹, die den Päpsten das Recht zusprach, die weltlichen Herren in der westlichen Welt zu bestimmen, tatsächlich einige Jahrhunderte nach Konstantin verfasst worden ist. Eine andere Figur ist Erasmus von Rotterdam, der einige Generationen nach Valla die erste Edition des griechischen Textes des Neuen Testaments herausgab und damit zeigte, dass die lateinische Version, die von der Kirche lange als sakrosankt betrachtet worden war, mit Fehlern gespickt war. Damit half er, den Weg zur Reformation zu bahnen.[30] Die dritte Figur ist Spinoza, der zwar als Philosoph, nicht aber in gleichem Maße als Philologe wahrgenommen wird. Dabei schrieb er die wichtigste philologische Abhandlung der frühen Neuzeit in Europa, den *Tractatus Theologico-politicus*. Dieses »in der Hölle geschmiedete Buch«, wie es kurz nach seinem Erscheinen genannt wurde, war der entschiedenste Versuch, den »Glauben an die Offenbarung, die göttliche Vorsehung und die Wunder, damit aber auch die kirchliche Autorität zu untergraben«.[31] Doch bedeutet dieses Werk in der Geschichte des philologischen Denkens noch viel mehr. Wäre es nicht ein Jahrhundert vor Wolfs disziplinbegründender Geste geschrieben worden, hätte sein Titel wohl ebenso gut *Tractatus Philologico-politicus* lauten können, denn dem Kern dieses Werks liegt die Überzeugung zugrunde, dass gutes Lesen eine Voraussetzung für eine gute Staats- und Gesellschaftsordnung ist, dass, wie in diesem Fall, die Erlernung einer philologischen Methode der Bibel-Lektüre das Beziehungsgefüge zwischen Wissen und Macht in der Gemeinschaft der Völker verändern und eine auf den Prinzipien von Gleichheit und Gerechtigkeit beruhende Republik schaffen kann.

Heroische Philologen gab es nicht nur im Europa der Frühneuzeit. Wie Valla suchten Anhänger einer neuen, auf Evidenz basierten Forschung auch im spätimperialen China nach neuen Wegen des Lesens. Im politisch hochgespannten Klima der frühen Qing-Zeit, mit dem Niedergang der Han-Dynastie und dem Aufstieg der ›barbarischen‹ Manchu-Herrschaft, fühlten sich die Gelehrten bzw. Literati gezwungen, ihre Traditionen zu re-interpretieren, was mit dem Nachweis der Nicht-Authentizität von bislang als klassisch geltenden Texten endete. Nachdem Yan Ruoju in seiner, am Ende des 17. Jahrhunderts einen Skandal provozierenden »Klärenden Analyse der alten Textdokumente«

nachgewiesen hatte, dass ganze Kapitel der *Klassischen Dokumente* tatsächlich eine spätere Hinzufügung darstellten, antwortete er auf die entrüsteten Traditionalisten: »Meine Mühen gelten allein dem, was wahr ist. Wenn die *Klassischen Dokumente* wahr sind und meine *Geschichte* und *Kommentar* falsch, dann ist es erlaubt, die *Klassischen Dokumente* zu benutzen, um *Geschichte* und *Kommentar* zu korrigieren. Wenn aber *Geschichte* und *Kommentar* wahr sind und die *Klassischen Dokumente* falsch, wie kann es dann verboten sein, *Geschichte* und *Kommentar* zu benutzen, um die *Klassischen Dokumente* zu verbessern?«[32] In Indien forderte ein Zeitgenosse von Spinoza und Yan Ruoju, Narayana Bhatta aus Kerala, zwei Jahrtausende des Sanskrit-Denkens über Sprache heraus – die letztlich als die Sprache der Götter betrachtet wurde –, indem er zum ersten Mal erklärte: »Intelligente Leute begründen Autorität dadurch, dass sie sich auf wohleingeführte Gebräuche, auf überlieferte Grammatiken und vernünftiges Nachdenken verlassen.«[33] Verbunden mit dem Ziel, dem Sanskrit seine Geschichtlichkeit und damit seine Menschlichkeit zurückzuerstatten, ist die konzeptuelle Erneuerung des religiösen Denkens, die in seinem literarischen Werk seinen Ausdruck fand – in einer Ära, die durch gewaltige soziale Herausforderungen aufgrund eines neuen Devotionalismus gekennzeichnet war (im Unterschied zur Manchu-Herrschaft wurde die Moghul-Herrschaft nicht als barbarische Kulturkrise betrachtet). Für Narayana bestand eine eindeutige Homologie zwischen philologischen und sozial religiösen Ordnungen; indem man die einen rekonstruierte, reformierte man die anderen.

Was diese Homologie nahelegt und was eine prometheische Philologie überall auf der Welt gezeigt hat, ist die enge Verbundenheit von »gut Lesen« und Freiheit, gleichviel ob in religiöser, politischer oder in anderer Hinsicht. Das Soziale ist nun einmal zu einem guten Teil in Sprache und Texten verkörpert, und ein besseres Verständnis von beidem sollte eine bessere Gesellschaft hervorbringen helfen – so jedenfalls die Hypothese. Natürlich gibt es dabei einige Schwierigkeiten. Die naheliegendste besteht darin, dass die heroische Ära der Philologie Vergangenheit ist; kein einziger zeitgenössischer Philologe könnte heute das Ziel verfolgen, geschweige denn würde er die Chance dazu erhalten, ein neuer Valla oder Yan Ruoju zu werden. Wir benötigen die philologischen Abteilungen auch nicht, um philologische Heroen hervorzubringen. Weniger augenfällig, darum aber nicht minder besorgniserregend ist die Tatsache, dass es nicht immer eine direkte Verbindung zwischen gutem Lesen und guter Gesellschafts- und Staatsverfassung gegeben hat, wie die Barbarei gegenüber der Hochkultur im Europa des 20. Jahrhunderts nur zu deutlich belegt, zu der die Philologie, wie gewaltsam und unphilologisch auch immer, tatsächlich ihr Scherflein beigesteuert hat.[34] Eine dritte Schwierigkeit besteht darin, dass die Art und Weise, wie die Heroen unseres Faches gelesen haben, um autoritäre Unterdrückung zu entlarven, nicht die einzige Form guten Lesens ist, um eine bessere Gesellschafts- und Staatsverfassung zu schaffen. Komplementär zur heroischen Philologie gibt es eine zivile und deren Art und Weise, Texte zu lesen und die Welt zu verstehen, um aus uns bessere Mitglieder der menschlichen Gemeinschaft zu machen. Diese Philologie zielt auf das ab, was der verstorbene amerikanische Philosoph Richard Rorty einmal die »Möglichkeit oder vielmehr die Verpflichtung, eine weltweit inklusive Gemeinschaft« zu konstruieren, genannt hat.[35] Solch einer zivilen Philologie – nennen wir sie die Philologie für das Anthropozän, für die Epoche einer potentiell weltweiten Bewusstwerdung – möchte ich mich nun zuwenden.

Dreidimensionale Philologie[36]

Als Nietzsche die Philologie als Praxis des »langsamen Lesens« definierte, hätte er wohl ein Lesen meinen sollen, das ein präzises Bewusstsein davon hat, was wir tun, wenn wir lesen (ich bin mir allerdings nicht ganz sicher, ob er dies wirklich so gemeint hat). Solches Selbstbewusstsein steht in direkt proportionaler Beziehung zur raumzeitlichen Distanz, die uns vom Ursprung eines gelesenen Textes trennt. Je näher dieser uns ist – wie zum Beispiel die morgendliche FAZ- oder TAZ-Lektüre –, desto weniger sind wir uns der Prozesse bewusst, mit deren Hilfe wir Sinn von ihm machen; umgekehrt gilt: je entfernter der Text uns ist, desto akuter kann das Bewusstsein von diesen Prozessen werden. Auf naive Weise unterstellen wir, dass ein Text der Gegenwart uns in ganz transparenter Weise zugänglich wäre, doch, wenn wir Sinn davon machen, so ist dies stets eine Sache der Meta- oder zweiten Ebene, also von Urteilen, die allein die Philologie ermöglichen kann. Je präsenter diese Praktiken der Sinn-Stiftung unserem Bewusstsein sind, desto wirkungsvoller sind sie. Wenn wir in Zeit und Raum maximal von uns entfernte Texte lesen, wie etwa nicht-moderne nicht-westliche Texte, so wird uns möglicherweise Philologie ihrerseits auf maximale Weise gegenwärtig, und damit zugleich die außerordentliche intellektuelle Vitalität, welche historisch tote Sprachen gewähren. Für jemanden, der durch diese Schule gegangen ist, wird Philologie zum Rüstzeug für alle Texte, wie nah sie auch stehen. Sind Sie einmal darauf trainiert, philologisch zu lesen, können Sie nie das sagen, was jüngst ein Richter am Supreme Court der USA sagen konnte: »Worte bedeuten, was sie bedeuten.«[37]

Diese zeiträumliche Distanz kann durch drei verschiedene Ebenen schematisch dargestellt werden, (1) die Textgenesis; (2) die früheren Leser; (3) mich selbst, der ich hier und jetzt lese. Und dies legt nahe, dass es drei verschiedene Bedeutungsdimensionen gibt: die des Autors, der Überlieferung und meine eigene, und deshalb drei, potentiell radikal voneinander unterschiedene Gestalten von Textwahrheit. Mein eigener Kampf mit dem »guten Lesen« im Laufe meines professionellen Lebens galt der Vereinbarkeit dieser Dimensionen – in der Tat ist das, was ich Ihnen heute Abend biete, weniger eine große Theorie des Lesens als vielmehr eine aus drei verschiedenen Existenzen stammende Autobiographie: der eines klassischen Philologen, der als Hardcore-Historiker geschult wurde; eines Sanskrit-Forschers, der sich selber als Erbe einer ihm, in wie komplexer Weise auch immer, vermittelten großen Rezeptionsgeschichte fühlte; und eines Studenten, der in seiner Jugend die typische 1960er Relevanzfrage stellte: »Was ist die zeitgenössische Relevanz dieses antiken Texts?« und der erst später bemerkte, dass dies die Frage auch der philosophischen Hermeneutik ist.

Ich weiß heute, dass mein Kampf keine persönliche Idiosynkrasie gewesen ist, sondern vielmehr eine viel längere Vorgeschichte in sich einschloss. Die Spannung zwischen den Ebenen 1 und 3 – also zwischen der Bedeutung eines Textes für den Autor oder dessen erste Leserschaft und andererseits die Bedeutung dieses Textes für mich heute – hat europäische Gelehrte seit der Renaissance umgetrieben. Während der Historismus den Anspruch zu begründen versuchte, dass die einzig wahre Bedeutung des Textes die im historischen Augenblick seiner Entstehung gemeinte ist, begründete die philosophische Hermeneutik die Einsicht, dass, wie Gadamer es sagt, »dann erst die Bedeutung [eines Textes] erfahrbar [wird, wenn wir] von der Überlieferung *angesprochen* [sind]«).[38] Dieser Streit zwischen den Historisten und den Präsentisten und ihren verschiedenen Lektüren bleibt auch heute noch die Quelle eines unaufhörlichen Disputs in jedem Akt historischer Textinterpretation. Was hier auf dem Spiel steht, wird uns deutlich, wenn wir an den biblischen Literalismus bzw. Kreationismus sowie an das, was in den USA als »konstitutioneller Originalismus« genannt wird, denken.

Was von diesen beiden, üblicherweise als binäre Differenz gedeuteten philologischen Lektüren ausgeschlossen bleibt, ist allerdings die zweite Ebene der Philologie, jene Bedeutungen, welche Leser vor uns den Texten verliehen haben, die ihrerseits natürlich gleichfalls präsentistische Leser waren, bis sie selber in den Strom der Rezeptionsgeschichte eingingen und uns als »traditionell« erreichten (sie sind natürlich zugleich für sich selber Texte, die eine historistische und eine präsentistische Einschätzung evozieren). Die meisten Forscher, angefangen mit unseren prometheischen Philologen der heroischen Ära, haben diese Texte schlicht ignoriert, so wie dies meine Lehrer in der Klassischen Philologie taten, für die keine einzige traditionelle Interpretation, sei sie nun von hellenistischen Scholiasten, römischen Kommentatoren oder mittelalterlichen Schreibern, Anspruch auf Wahrheit erheben durfte. Selbst jene Forscher, die sie nicht ignorieren, wie meine indischen Lehrer oder Sanskrit-Kollegen, würdigen sie und ihre interpretatorische Validität keiner eingehenderen oder überhaupt nur einer Untersuchung.

Diese Indifferenz, ja Vernachlässigung der Lektüren der Überlieferung hat selber eine eigene Geschichte und ist nicht nur Folge einer

Art von epistemologischem Naturalismus. Sie ist verbunden mit der intellektuellen Revolution der frühen Neuzeit, so wie sie in der *Querelle des Anciens et des Modernes* im 17. Jahrhundert ihren Ausdruck fand und sich mit der Verbreitung der Aufklärung nur noch vertiefte. Ihren ersten, spezifisch philologischen Niederschlag fand sie in einem Text, den ich bereits erwähnt habe, in Spinozas *Tractatus*. Nach Spinoza kann die »wahre« oder »ursprüngliche« Bedeutung eines Textes wie der Bibel, also das, was er die »wissenschaftliche« Bedeutung nennt, nur dann entdeckt werden, wenn wir als Leser erstens unser Denken von den Interpretationen von anderen, früheren Akteure der Überlieferung befreien (»unseren Geist … von der blinden Übernahme menschlicher Fiktionen als Gottes Fingerzeig befreien«) und zweitens »darum besorgt sind, uns nicht durch unser eigenes Vernünfteln zu verblenden … (nicht zu erwähnen unsere Vorurteile)«.[39] Für den wissenschaftlichen Philologen Spinoza mussten mit anderen Worten alle früheren Lektüren der Ebene 2, also der Überlieferung und der dort geäußerten möglichen Wahrheiten, ausradiert werden, zusammen mit der Ebene 3, also den Wahrheiten zeitgenössischer Leser. Was zählte, war allein die Wahrheit der Ebene 1. Diese Anschauung von der Philologie war ohne Zweifel unvorstellbar vor der Zeit des frühkapitalistischen Amsterdams (und in vielerlei, allerdings noch ungeklärter Hinsicht verbunden mit dieser ökonomischen Transformation), sie war eine wahrhaftige Revolution des Denkens, wodurch das ganze »Gefolge von altehrwürdigen Vorstellungen und Anschauungen« mit einem Male »aufgelöst« wurde.[40] Die kapitalistisch-modernistischen Philologen-Werte, welche Spinozas Abhandlung zugrunde liegen, wurden zu Werten aller Philologen in der westlichen Welt. Wir alle sind in dieser Hinsicht heute Spinozisten; seine Wahrheiten sind, zum Guten oder zum Schlechten, die unserigen geworden, und das allerklarste unserer klaren Common-Sense-Argumente liegt tief unter der Schwelle kritischer Bewusstwerdung begraben.

Meine Schwierigkeiten mit einer Common-Sense-Philologie entstanden aber nicht aus ihrer Ideengeschichte und auch nicht aus der philosophischen Hermeneutik und deren Sorge um die Historizität der Leser-Perspektive, die der Historisten miteingeschlossen. Es war vielmehr etwas, was ich wohl Postkolonialismus nennen sollte, ein Begriff, den ich nicht oft verwende, der aber in diesem Kontext angemessen ist. Ich fand mich vor die Alternative gestellt, entweder jeden indischen Leser, mit dem ich konfrontiert war, als unweigerlich ignorant zu qualifizieren, der nichts von der Welt und nicht einmal etwas von der eigenen Welt wusste – wie dies die vorherrschende Anschauung der britischen Kolonialverwaltung war, welche die indischen Traditionen ohne Umschweife schlicht »disqualifizierte«[41] – oder ich musste danach fragen, welches wohl ihre eigenen Wahrheiten gewesen wären und welche Ansprüche sie eventuell noch heute mir gegenüber geltend machen könnten. Ein solches Urteil nach Jahrhunderten der Disqualifizierung zu fällen, ist freilich keine leichte Sache.

Nahezu alle Gelehrten, die sich um die Bedeutungen der Ebene 2 überhaupt gekümmert haben, waren von der Vorstellung geprägt, die überkommenen Lektüren seien als eine einzige Geschichte des Irrtums zu betrachten. Im Unterschied dazu fand ich mich immer mehr dazu bereit, gerade die entgegengesetzte Position zu verteidigen und Argumente zugunsten jener Bedeutungen und Wahrheiten der Tradition, ja aller Traditionen ins Feld zu führen, wonach es nicht so etwas wie eine inkorrekte Interpretation geben könne, gleichviel ob nun in den Jahrtausende zurückreichenden Kommentargeschichten des Arabischen, Chinesischen, Hebräischen, Sanskrit oder in den flacheren Traditionen, die in Publikationen wie den *Variorum Shakespeare* oder den *Norton Critical Editions* zu Tage treten. Ich meine dies in einem sehr spezifischen Sinne: Alle Interpretationen sind Verkörperungen eines einmal tätigen menschlichen Bewusstseins, das durch bestimmte Eigenschaften des Textes zustande kam, diese Formen des Bewusstseins können aber hinsichtlich ihrer geschichtlichen Existenz nicht einfach als korrekt oder inkorrekt bezeichnet werden. Was wir Philologen teilweise zu fassen und zu verstehen versuchen, wenn wir entlang der Ebene der Tradition lesen, sind eben diese Formen selber, verbunden mit der Frage nicht nur danach, was wohl von ihrer eigenen Welt diese Sicht auf den Text geprägt hat, sondern auch danach und viel wichtiger, was denn im Text selber angelegt ist, dass er diese Formen von Bewusstsein hervorzubringen provoziert hat. Natürlich bedeutet solches Lesen auf der Ebene 2 – und dies würde für eine als Textkritik im engeren Sinne verstandene Philologie die Herstellung und Edition von Texten nach Maßgabe der Ebene 2 miteinschließen – nicht, dass wir damit einer rationaleren Philologie näherkommen. Dies ist kein Mittel für die einzig wirkliche und wahre Interpretation eines Werks (oder die eine wahre Textgestalt). Vielmehr mündet dies in wirklichen und wahren Interpretationen von anderen Interpretationen.

Solche Forderungen hinsichtlich der Lektüre der Tradition und der Wahrhaftigkeit dessen, was aus der Perspektive der ersten und dritten Ebene als schlichter Irrtum sich ausnimmt, mögen verdreht klingen, sie haben aber eine respektable, wenn auch etwas abgelegene Herkunft. In einer berühmt gewordenen Vorlesung aus dem Jahre 1854 wollte Leopold von Ranke eine Kritik an der Fortschrittsideologie liefern und damit an Interpretationen der Geschichte wie z. B. durch die englischen Whigs. Er widersetzte sich in diesem Zusammenhang vehement der Anschauung, »dass … jede Generation die vorhergehende vollkommen übertreffe, mithin die letzte die bevorzugte, die vorhergehenden aber nur die Träger der nachfolgenden wäre.« »Eine solche gleichsam mediatisierte Generation«, so argumentiert er, »würde an und für sich eine Bedeutung nicht haben.« Sie würde mithin auch keine direkte Beziehung zum Göttlichen unterhalten; im Gegenteil würde eine solche Annahme eine göttliche Ungerechtigkeit unterstellen, da dies ein Beweis für die Unbilligkeit Gottes hinsichtlich der Zuteilung von historischer Bedeutsamkeit wäre. Für Ranke hingegen gilt das, was er mit einer berühmten Formulierung, die von seiner Vorlesung heute noch erinnert wird, wenn denn überhaupt noch etwas von ihr erinnert wird, folgendermaßen ausgedrückt hat: »Jede Epoche ist unmittelbar zu Gott, und ihr Wert beruht gar nicht auf dem, was aus ihr hervorgeht, sondern in ihrer Existenz selbst, in ihrem Eigenen selbst.«[42]

Für einen säkularen Philologen in der Nachfolge von Ranke wie ich selber – in der Nachfolge Rankes zumindest insofern, als ich Sinn zu machen versuche von Texten entsprechend der Ebene 2 als untrennbarem, wesentlichem Teil einer dreigeteilten Zeit-Raum-Matrix – muss dementsprechend jede Interpretation in irgendeinem nichttrivialen Sinne richtig sein. Und dies nicht deshalb, weil die Zurückweisung der Lektüren der Tradition als ein Missverständnis Gott beleidigen würde oder göttliche Ungerechtigkeit suggerieren würde oder den Respekt verletzen würde, den wir den Toten schulden, insofern wir sie ebenso ernst nehmen sollten, wie wir selber hoffen, unter ähnlichen Umständen einmal ernst genommen zu werden. Sondern deshalb, weil eine Zurückweisung hieße, die Wahrheit zu verletzen, die Wahrheit des Umstandes nämlich, dass jede Lektüre ein Niederschlag eines einmal aktuell existierenden menschlichen Bewusstseins gewesen ist, das durch einen Text dazu veranlasst wurde, von ihm Sinn zu machen.

Die Bedeutung eines Textes kann keine andere sein als die Zusammenstellung der Bedeutungen, die er für bestimmte Personen zu bestimmten Zeiten und an bestimmten Orten gehabt hat; die Wahrheit nichts anders als die Zusammenstellung von Wahrheiten. Worum wir Philologen uns kümmern sollten, ist das, was in jenen Zeiten und an jenen Orten für wahr gehalten wurde und weshalb *dies* für wahr gehalten wurde; wir sollten uns nicht mit dem beschäftigen, was absolut wahr ist, denn absolute Wahrheit hat keinen Platz in dem Bereich, in dem es darum geht, Sinn von Texten zu machen. »Die Vorstellung, es gäbe etwas, das ein gegebener Text *wirklich* ist, etwas, das eine strenge Anwendung von Methoden enthüllen könnte, ist ebenso verfehlt wie die aristotelische Idee, es gäbe etwas, was einer Substanz wirklich intrinsisch ist, im Kontrast zu dem, wie sie erscheint oder nur akzidentiell oder relational ist.«[43] Anders gesagt, jede Interpretation ist nicht Fehlinterpretation (um Harold Blooms Formulierung zu adoptieren und zu adaptieren);[44] im Gegenteil ist eine »Fehlinterpretation« selber eine *Interpretation*, der Versuch eines textuellen Verständnisses, das einen historisch präzisen Augenblick eines menschlichen Bewusstseins verkörpert. Das Ziel der Philologie besteht nicht darin zu entscheiden, ob diese Interpretation nun, gemessen an einem transzendenten Standard, wahr oder falsch ist, sondern sie in ihrer Existenz als solcher und in Beziehung zu dem Text zu verstehen, der sie hervorgerufen hat.

Mein Plädoyer für eine dreidimensionale Philologie leitet sich aus einer phänomenologischen Realität her, ganz abgesehen einmal von der autobiographischen Realität, die sie für mich auch hat. So lesen wir in der Tat, ob wir uns dessen nun voll bewusst sind oder nicht und ob wir dies akzeptieren oder nicht. Tatsächlich hat die Philologie selber, wie dies Schlegel beanspruchte, eine solche »Philosophie« des Lesens hervorgebracht. Zum einen denken wir Modernen unweigerlich historisch, und daher rührt der nunmehr naturalisierte Charakter eines historischen Lesens wie auch die Bereitschaft zu einem historistischen Lesen. Zum anderen erhalten wir unsere Texte einzig und allein durch die Überlieferung, deshalb die Notwendigkeit, die Aktualität eines traditionalistischen Lesens anzuerkennen – nicht aus Gründen einer Gadamerschen Pietät gegenüber der Autorität der Tradition (offen gesagt ist Tradition üblicherweise »die Geschichte der Sieger«), sondern aufgrund der einfachen Anerkennung ihrer menschlichen Realität.[45] Und zuletzt sind unsere Subjektivitäten durch unsere Historizität geprägt, deshalb die Unausrottbarkeit des präsentistischen Lesens.

Es wäre natürlich leicht, alle drei Dimensionen der Textbedeutung historistisch zu reduzieren, mit einer Wertschätzung des Traditionalismus, so wie wir dies oben dargelegt haben, als einer Art von Historismus2 und des Präsentismus als eines Historismus3 –, der Historismus des Historismus-Arztes wäre sich dabei bewusst, dass er sich selber heilen muss. Aber solche Verschmelzung würde es viel schwieriger oder vielleicht sogar unmöglich machen, die drei Dimensionen auseinanderzuhalten und simultan quer zu ihnen lesen zu lernen, selbstkritisch und zugleich generös (ein Sachverhalt, der von einer Geschichte der historistischen Interpretation deutlicher herausgearbeitet werden könnte, beginnend mit Spinoza, dessen Bibel-Interpretation sich *mirabile dictu* am Ende als Bestätigung seiner eigenen Philosophie erwies). Und genau dies zu tun, lädt uns die dreidimensionale Philologie ein, obgleich dies eingestandenermaßen ein sehr delikater und schwieriger Balanceakt ist. Es ist selbst für zeitgenössische Philologen weithin ungewöhnlich, geschweige denn für Juristen, Kleriker, Politiker und jedermann sonst, der sich mit Texten beschäftigt, zuzugestehen, dass alle drei Dimensionen gleichzeitig im Spiel bleiben müssen und auf ihre Weise Formen der Wahrheit repräsentieren. Man kann sich dabei nicht des Gefühls erwehren, die drei Dimensionen hierarchisieren oder zumindest miteinander versöhnen zu müssen, wir sind aber von diesem von mir unterstellten quasi-pragmatistischen Gesichtspunkt aus ebenso wenig gezwungen, dies zu tun, wie wir gezwungen wären, die verschiedenen Werkzeuge in einer Werkzeugschachtel hierarchisch anordnen zu müssen. Rorty hatte in dieser Hinsicht wieder einmal recht, als er über solche Konflikte sagte, dass sie gar nicht existieren, weil ihre Objekte ganz unterschiedlichen Zwecken dienen: »Platon lag falsch: wir haben nicht alles zusammenzubringen.«[46]

In zweiter Hinsicht stammt mein Plädoyer für diese Art der Philologie aus einer ethischen Überzeugung. Wenn wir die phänomenologische Aktualität zu einer bewussten, expliziten Methode machen, so mag sie jene zivilen Güter befördern helfen, die ich gleich diskutieren werde. Das heißt, wenn wir akzeptieren, wie wir tatsächlich lesen, so haben wir die absolutistische Vorstellung von der einen Wahrheit abzumildern (wonach es nur eine einzige Bedeutung gibt, und ich habe sie gefunden); stattdessen sollten wir über das Ziel unserer Untersuchung als eines hoffnungsvollen Versuchs nachzudenken beginnen, wie wir die unterschiedlichen Interpretationen und ihre Wahrheitsansprüche nicht miteinander versöhnen oder gar, wie man sagen könnte, »fusionieren«, sondern wie wir sie in einem einzigen Gedanken festhalten können. Wir werden nicht länger versuchen, in Übereinstimmung mit einer als invariant unterstellten (textuellen oder anderen) Realität alles richtig zu machen, sondern darüber hinaus und gleichzeitig versuchen, zu einem Konsens über die Verwendungsweisen unseres Textes zu gelangen. Welche Zielsetzung, so werden wir fragen, verfolgen wir mit unserer

Art der Lektüre? Haben andere Menschen andere Zielsetzungen, die wir verstehen und mit denen wir leben lernen können, in einem Maße zumindest, dass die Anerkennung solcher Zielsetzungen an eine bestimmte Person nicht dazu führt, dass wir die einer anderen Person einschränken? Und, in einem ganz umfassenden Sinne gefragt, können solche Verwendungsweisen der Interpretation für die Minimierung von Leiden und die Maximierung von Wohlbefinden eingesetzt werden?

Diesen interpretatorischen Balanceakt zu meistern, indem man also gleichzeitig den wissenschaftlichen Wert von historischer Wahrheit respektiert wie auch den pragmatischen Wert des Pluralismus aufgrund von Traditionen und die hermeneutische Notwendigkeit der Frage: »Welche Möglichkeit gewährt mir der Text, meine eigene Existenz besser zu verstehen?« – dieser Balanceakt ist für mich die intellektuelle Herausforderung einer kritischen Philologie und die Quelle einer ihrer machtvollsten Gesten hinsichtlich der Freiheit.

Zum Abschluss möchte ich mich den gerade erwähnten ethischen Werten zuwenden und einen Vorschlag machen, wie diese drei Dimensionen der Philologie, sofern sie als notwendigerweise zusammengehörig betrachtet werden, die Durchsetzung von Werten befördern können, die heute vielleicht wichtiger denn je sind. Auf diese potentiell ethische Dimension einzugehen, bedeutet nicht, wie dies eigentlich deutlich sein sollte aus all dem, was ich bereits gesagt habe, »eine missliche Unterscheidung zwischen dem Richtigen und dem Nützlichen zu machen«, und es ist noch viel weniger der »phantastische Anspruch«, dass das Millennium des universellen Friedens und der Gerechtigkeit anbrechen werde, »sofern nur alle Frauen und Männer auch gute Leser werden«. Meine Sorge gilt ja mehr den hermeneutischen Operationen als den diskursiven Folgewirkungen, also mehr der Frage, wie Texte verstanden und verwendet werden als der Frage, was sie »in letzter Instanz« bedeuten. Um es zu wiederholen, der springende Punkt besteht nicht darin, einfach (oder sogar noch) hinter den Erscheinungen die wahre Wirklichkeit aufzudecken (wie dies zahlreiche ethisch ausgerichtete Lese-Strategien, von Hillis Miller bis zu Edward Said und Peter Brooks anstreben), sondern die wahre Realität der Erscheinungen, die Modi ihrer Beziehungen zum Text und was sie bewirken, zu verstehen.[47] Philologie in dieser ethischen Dimension ist nicht länger nur eine akademische Disziplin, sondern wird zu einer Lebensform: Du bist, wie du liest, und wenn du anders lesen lernst, wirst du, potentiell, selbst anders.

Die Werte, welche eine kritische Philologie dieser Art zu kultivieren hilft – ich sage bewusst »hilft«, weil ja ein umfassender Kontext von sozialem, politischem und ethischem Engagement immer mitgedacht werden muss –, können sowohl auf negative wie auf positive Weise gefasst werden. Ich werde die eine wie die andere kurz berühren. Als eine Art von negativer Kompetenz kann die Philologie der Ebene 1 (Historismus) uns helfen, die Arroganz eines Leser-Konsumenten zu disziplinieren, der nur begehrt, was ihm gefällt und der sein eigenes Leben zum Maßstab aller schon gelebten Leben macht. Philologie der Ebene 2 (Traditionalismus) hilft uns, der Insularität der monologischen Betrachter zu begegnen, die davon überzeugt sind, dass die Bedeutung nur singularisch existiert und sie allein sie besitzen. Philologie der Ebene 3 (Präsentismus) hilft uns, die Illusionen der Historisten zu zerstreuen, die glauben, dass der Historismus für alle, nur nicht für sie selber gilt, und die sich weigern anzunehmen, dass sie den Text nach Maßgabe ihrer eigenen Erfahrung betrachten können – ja tatsächlich betrachten müssen.

Gleichzeitig und positiver gewendet, hilft uns die Philologie der Ebene 1 dabei, das Wesen, ja die Vielzahl von Wesen der menschlichen Existenz besser zu verstehen, ebenso wie die radikalen Unterschiede, die sich im Laufe der Zeit herausgestellt haben – die ganze Spannweite von Varietäten, die uns die Geschichte hinsichtlich der Art und Weise, als Mensch zu existieren, bietet. Philologie der Ebene 2 hilft uns dabei, Verständnis und Respekt für die Ansichten anderer Menschen zu entwickeln, für häufig sehr unterschiedliche Ansichten, die von den unsrigen in Zeit und Raum weit entfernt sind, und auf diese Weise die Möglichkeiten menschlicher Solidarität auszuweiten. Philologie der Ebene 3 hilft uns dabei, die Historizität unseres eigenen Seins und unserer Beziehungen zu früheren historischen Interpretationen in den Vordergrund zu rücken und dadurch unseren Sinn für Bescheidenheit hinsichtlich der Grenzen unseres eigenen Verstehensvermögens zu stärken, ebenso wie unseren Sinn für die Wichtigkeit der Anstrengung zu stärken, mit diesem Verstehen nicht nachzulassen.

Es kann sehr wohl sein, dass es andere Formen von Wissen gibt, die uns diese negativen und positiven Lektionen – Lektionen der Wahrheit, der Solidarität mit anderen in Vergangenheit und Gegenwart sowie des kritischen Selbstbewusstseins – vermitteln, von denen unsere Freiheit in weitem Maße abhängig ist. Ich kenne aber keine Lektion, die dies so konsistent und unmittelbar tut wie ein durch die Disziplin kritischer Philologie angeleitetes gutes Lesen. Wenn wir lernen, die Philologie freizusetzen, lernen wir zugleich andere Wege, uns selbst zu befreien.

Danksagung

Es war eine große Ehre und zugleich ein Vergnügen, diesen Vortrag über das Thema Philologie zu halten. Ich bin überzeugt davon, dass eine der wichtigsten institutionellen Initiativen in der jüngsten Geschichte der Philologie – besonders, wenn man die Geschichte der Philologie als globales Phänomen betrachtet – die Gründung und Durchführung des Programms »Zukunftsphilologie – Revisiting the Canons of Textual Scholarship« gewesen ist, das unter dem Dach des Forums Transregionale Studien in den letzten drei Jahren vom Berliner Senat unterstützt wurde. Dank dieses Programms haben Dutzende von Doktoranden und Junior-Professoren die Chance erhalten, ihre Forschungen in Berlin durchzuführen, dabei voneinander zu lernen und einige aufregende neue Untersuchungen zu publizieren, sei es in der neuen Zeitschrift des Projekts, den *Philological Encounters*, sei es anderswo. Weiterhin haben einige Hundert Studierende, Forscher und interessierte Gäste die Chance erhalten, den öffentlichen Vorträgen über das Forschungsprogramm Philologie beizuwohnen und dabei mehr über die Relevanz dieser Form des Wissens zu erfahren.

Der hier abgedruckte Text ist eine leicht veränderte und erweiterte Version eines Vortrags anlässlich der Jahrestagung des Forum Transregionale Studien an der Humboldt-Universität in Berlin am 17. Oktober 2013. Ich bin Islam Dayeh für den Vorschlag dankbar, diesen Essay in englischer Sprache im ersten Heft der *Philological Encounters* zu publizieren. Ich danke ihm und den anderen Herausgebern dieser Zeitschrift, besonders Michael Allan und Whitney Cox, dass sie mich durch ihre Nachfragen gezwungen haben, meine Überlegungen zu präzisieren.

Anmerkungen

1 Vgl. Michel Foucault, *Die Ordnung der Dinge*, 1966 (Frankfurt/M., 2003), insb. Kapitel 8: »Arbeit, Leben, Sprache«, S. 307–66.

2 W. von Humboldts Beschäftigung mit Sanskrit ist ein wichtiges Thema in der Korrespondenz mit August Wilhelm Schlegel, gerade in der Zeit, als er die Berliner Universität mitbegründete (vgl. Albert Leitzmann (Hrsg.), Briefwechsel zwischen Wilhelm von Humboldt und August Wilhelm Schlegel (Halle, 1908)).

3 Benjamin Elman, *From Philosophy to Philology: Intellectual and Social Aspects of Change in Late Imperial China*, zweite Auflage (Los Angeles, 2001).

4 Anthony Grafton, *Defenders of the Text: The Traditions of Scholarship in an Age of Science, 1450–1800* (Cambridge, MA, 1994).

5 Seth Lerer, *Error and the Academic Self: The Scholarly Imagination, Medieval to Modern* (New York, 2011).

6 Erich Auerbach, »Philologie der Weltliteratur«, in: *Gesammelte Aufsätze zur Romanischen Philologie*, (Bern, 1967), S. 301–310, hier S. 303.

7 Vgl. Eckart Frahm, *Babylonian and Assyrian Text Commentaries: Origins of Interpretation* (Münster, 2011).

[8] Friedrich Schlegel, *Kritische Ausgabe*, Band 16, hrsg. von Ernst Behler et al. (Paderborn, 1959–1990), S. 39–42. Vgl. auch Robert Leventhal, *The Disciplines of Interpretation: Lessing, Herder, Schlegel and Hermeneutics in Germany, 1750–1800* (Berlin, 1994), S. 283.

[9] Eine ausführlichere Darlegung, von der das Folgende nur ein Auszug ist, in: Sheldon Pollock, »Introduction«, in: *World Philology*, hrsg. von Sheldon Pollock et al. (Cambridge, MA, 2014).

[10] Im Hinblick auf die intellektuellen und historischen Komplexitäten vgl. Marcel Lepper, »Deutsche Philologie im 18. Jahrhundert? Ein Forschungsbericht mit Bibliographie«, in: *Das Achtzehnte Jahrhundert* 36, 2012, 1, S. 71–105.

[11] Eine denkwürdige Darstellung davon gibt Mark Pattison in seinem Essay über Wolf (zitiert in Gregory Crane, *Rediscovering Philology* (2013), 1. {http://sites.tufts.edu/perseusupdates/2013/04/15/rediscovering-philology/}, letzter Zugriff 07.03.2016.

[12] Vgl. Thomas Schestag, »Philology, Knowledge«, in *Telos* 140 (2007), S. 28–44, hier S. 36. Schestag bezieht sich auf Schlegels Kölner Vorlesungen »Propädeutik und Kritik« (1805–1806).

[13] Giambattista Vico, *New Science* (London, 2001), S. 79, 5. Dt.: »Die neue Wissenschaft über die gemeinschaftliche Natur der Völker«. Übers. v. Erich Auerbach (Berlin/New York, ^{2}2000).

[14] Friedrich Schlegel, *Kritische Ausgabe*, Band 16, S. 42 (»Man nennt die Philologie auch oft Kritik, insofern bei der Sprachgelehrsamkeit auf richtiges Verständnis im Erklären und Deuten [...] alles ankommt.«).

15 August Boeckh, *Encyklopädie und Methodologie der philologischen Wissenschaften*, hrsg. von Ernest Bratuscheck (Leipzig, 1877), S. 10; vgl. auch Axel Horstmann, *Antike Theoria und moderne Wissenschaft. August Boeckhs Konzeption der Philologie* (Frankfurt/M., Berlin, Bern, New York, 1992), S. 103.

16 Vgl. Denis Thuard et al., *Philologie als Wissensmodell / La philologie comme modèle de savoir* (Berlin, 2010).

17 Friedrich Nietzsche, »Morgenröthe« [1881], in: Sämtliche Werke. Kritische Studienausgabe in 15 Bänden, Band 3, hrsg. von Giorgio Colli und Mazzino Montinari (München, 1980), S. 17 (Vorrede, Abschnitt 5).

18 Ebd.

19 Friedrich Nietzsche, »Antichrist« [1895], in: *Sämtliche Werke*. Kritische Studienausgabe in 15 Bänden, Band 6, hrsg. von Giorgio Colli und Mazzino Montinari (München, 1980), S. 233 (Abschnitt 52). Dieser 1888 geschriebene und 1895 publizierte Text scheint viel repräsentativer für Nietzsches Anschauungen über die Philologie zu sein als sein früherer Text »Wir Philologen« (1873–1875).

20 W. D. Whitney, *Atharva-veda Sainhitā*, hrsg. und überarb. von Charles Rockwell Lanman (Cambridge, MA, 1905), S. 414. In seiner Version der Atharvaveda sollte zum Beispiel die Übersetzung dem Kommentar, der »vorwiegend sprachwissenschaftlich« sein sollte, vollständig untergeordnet werden (1905: xxxvii, xxi).

21 Die Geschichte der Ausdifferenzierung der Linguistik gegenüber der Philologie in den USA (besonders nach 1925 mit der Gründung einer Linguistic

Society of America) und einer wachsenden Marginalisierung der Philologie, wird dargestellt in Winter und Nathan 1992 (für die USA) und Chang 2014 (für Europa, Ost- und Südostasien).

22 Michael Dutton, »The Trick of Words: Asian Studies, Translation, and the Problems of Knowledge«, in: *The Politics of Method in the Human Sciences: Positivism and Its Epistemological Others*, hrsg. von George Steinmetz (Durham, 2005), S. 100.

23 Vgl. z. B. Nadia Altschul, »What is Philology: Cultural Studies and Ecdotics«, in: *Philology and Its Histories*, hrsg. von Sean Gurd (Columbus, OH, 2010).

24 Wilhelm Dilthey, »Die Entstehung der Hermeneutik«, in: *Gesammelte Schriften*, Band 5 (Göttingen, 1990), S. 317–338, hier S. 320.

25 Die Beiträger zu dem Band Pollock et al. 2014 hoffen, diesen Stand der Dinge korrigieren zu können.

26 G. Squires, »Interdisciplinarity in Higher Education in the United Kingdom«, in: *European Journal of Education* 27, 1992, 3, S. 201–210, hier S. 202; Brad DeLong »Is Economics a Discipline?« (2011). {http://delong.typepad.com/sdj/2011/03/is-economics-a-discipline.html}, letzter Zugriff 07.03.2016.

27 Antonio Gramsci, *Selections from the Prison Notebooks* (London, 1971), S. 37–38. Dt.: »Gefängnishefte« Hg. Klaus Bochmann, Wolfgang Fritz Haug, 10 Bände (Hamburg, 2012). Allgemein: Harold Entwistle, *Antonio Gramsci, Conservative Schooling for Radical Politics* (London, 1979).

28 Kenneth Burke, *The Philosophy of Literary Form* (Berkeley, 1973), S. 296, 304, hier S. 15.

29 John Comaroff, »The End of Anthropology, Again:

On the Future of an In/Discipline«, in: *American Anthropologist* (2010) 112, S. 524–538, hier S. 527.

30 Im Hinblick auf eine umfassendere Darstellung des Zusammenhangs von Bibelkritik, Philologie und Wahrheit (wenn auch in einigem verschieden von dem, was ich selber beschrieben habe), vgl. Luciano Canfora, *Filologia e Libertà* (Mailand, 2008).

31 Steven Nadler, *A Book Forged in Hell. Spinoza's Scandalous Treatise and the Birth of the Secular Age* (Princeton, NJ, 2011); Jonathan Israel, Democratic Enlightenment: Philosophy, Revolution, and Human Rights 1750–1790 (Oxford, 2011), S. 10.

32 Elman, From Philosophy to Philology, S. 33.

33 Narayana Bhattapada, »Apāṇinīyaprāmāṇyasādhana«, in: *Sri Venkateswara University Oriental Journal* 8, hrsg. von E. R. Sreekrishna Sarma, *Texts and Studies* n° 2 (1965), section 33, S. 2–3.

34 Vgl. in jüngster Zeit Markus Messling und Ottmar Ette, Wort Macht Stamm: Rassismus und Determinismus in der Philologie (München, 2013).

35 Robert Brandom, Rorty and His Critics (Oxford, 2000), S. 1.

36 Weitere Ausführungen dazu in Sheldon Pollock, »Philology in Three Dimensions«, in: *postmedieval* Band 5.4 (2014). Der obige Abschnitt ist dieser Publikation entnommen.

37 Antonin Scalia, zitiert nach Peter Ludlow, »The Living Word«, New York Times, 22. April 2012. Jüngst hat Scalia klargestellt: »Worte haben Bedeutung. Und ihre Bedeutung verändert sich nicht. Ich meine, die Vorstellung, dass die Verfassung einfach durch Verfügung eines Gerichts etwas anders meinen sollte, als gemeint war, als die Leute für sie stimmten – ganz offen, Sie sollten sich nach der an-

deren Seite der Frage erkundigen: Wie kamen sie nur dazu?« (Zitiert nach Jennifer Senior, »In Conversation: Antonin Scalia«, New York Magazine, 6. Oktober 2013. {http://nymag.com/news/features/antonin-scalia-2013-10/}, letzter Zugriff 07.03.2016.

38 Hans-Georg Gadamer, *Wahrheit und Methode: Grundzüge einer philosophischen Hermeneutik* (Tübingen, ^{3}1972), S. 266 (»Jedenfalls teilt das Verstehen in den Geisteswissenschaften mit dem Fortleben von Traditionen eine grundlegende Voraussetzung, nämlich, sich von der Überlieferung angesprochen zu sehen. Gilt denn nicht für die Gegenstände ihrer Forschung – so gut wie für die Inhalte der Tradition –, daß dann erst ihre Bedeutung erfahrbar wird?«)

39 Jonathan Israel und Michael Silverthorne (hrsg. und übs.), Spinoza: *Theological-Political Treatise.* (Cambridge, 2007), S. 98, 100. Dt.: Baruch de Spinoza, »theologisch-politischer Traktat«. (Hamburg, 1670, 1994).

40 Karl Marx und Friedrich Engels, *Manifest der Kommunistischen Partei* [1848] (Hamburg, 2012), S. 33. Ich beziehe mich hier auf Tzvetan Todorov, der als erster, ohne dies freilich auszuführen, auf die Verbindung zwischen dem Frühkapitalismus und der konzeptuellen Revolution, von der Spinozas Philologie ein Beispiel ist, hingewiesen hat (vgl. Tzvetan Todorov, *Symbolism and Interpretation* (Ithaca, 1982), S. 165).

41 Sudipta Kaviraj, »The Sudden Death of Sanskrit Knowledge«, in: *Journal of Indian Philosophy* 33, 2005, S. 119–142, hier S. 132.

42 Leopold von Ranke, *Über die Epochen der Neueren Geschichte* [1854] (München, 1971), S. 59–60.

[43] Richard Rorty, *Philosophy and Social Hope* (London, 1999), S. 141–142.

[44] Harold Bloom, *The Anxiety of Influence* (New York, ²1997), S. 30, 43. Dt.: Harold Bloom, »Einflußangst. Eine Theorie der Dichtung« (Frankfurt am Main und Basel, 1995).

[45] Vgl. John Caputo, »Gadamer's Closet Essentialism: A Derridean Critique«, in: *Dialogue and Deconstruction*, hrsg. von Diane Michelfelde und Richard Palmer (Albany, 1989), S. 254.

[46] Richard Rorty, *Philosophy and Social Hope*, S. 186, und Richard Rorty et al., *Against Bosses, Against Oligarchies* (Chicago, 2002), S. 63.

[47] Rortys Kritizismus (*Philosophy and Social Hope*, S. 146, 129) richtete sich gegen Argumente wie die von Miller (1989), mit denen meine eigenen nichts gemeinsam haben. Edward Saids Lektüren der Ebene 1 (welche er »Rezeption« nennt) ist rein historistisch; seine Lektüren der Ebene 3 (»Widerstand«) ist allerdings keine Philologie mehr, sondern »Humanismus« und rein politisch, zwischen beiden Aspekten stellt er kaum eine Verbindung her (auf diese Weise illustriert er seinen eigenen Werdegang, in dem, wie er sich rühmte, das »Verstehen und Unterrichten von großen Werken der … Kunst« ganz »unabhängig« von seinem »sozialen und politischen Engagement und Überzeugungen« waren, vgl. Edward Said, *Humanism and Democratic Criticism* (New York, 2004), S. 57–84, insb. S. 62. Hinsichtlich von Brooks' jüngstem Projekt (das nicht alle seine Beiträger ganz verstanden zu haben scheinen), vgl. Peter Brooks (Hrsg.), The *Humanities and Public Life* (New York, 2014).

Bibliographie

Altschul, Nadia, »What is Philology: Cultural Studies and Ecdotics«, in: *Philology and Its Histories*, hrsg. von Sean Gurd, Columbus, OH, 2010.

Auerbach, Erich, »Philologie der Weltliteratur«, in: *Gesammelte Aufsätze zur Romanischen Philologie*, Bern, 1967, S. 301–310.

Bloom, Harold, *The Anxiety of Influence*, zweite Auflage, New York, 1997.

Boeckh, August, *Encyklopädie und Methodologie der philologischen Wissenschaften*, hrsg. von Ernest Bratuscheck, Leipzig, 1877.

Brandom, Robert (Hrsg.), *Rorty and His Critics*, Oxford, 2000.

Brooks, Peter (Hrsg.), *The Humanities and Public Life*, New York, 2014.

Burke, Kenneth, *The Philosophy of Literary Form*, Berkeley, 1973.

Canfora, Luciano, *Filolgia e Libertà*, Mailand, 2008.

Caputo, John, »Gadamer's Closet Essentialism: A Derridean Critique«, in: *Dialogue and Deconstruction*, hrsg. von Diane Michelfelde und Richard Palmer, Albany, 1989.

Chang, Ku-ming (Kevin), »Philology or Linguistics: Transcontinental Responses«, in: *World Philology*, hrsg. von Sheldon Pollock et al., Cambridge, MA, 2014, S. 32.

Comaroff, John, »The End of Anthropology, Again: On the Future of an In/Discipline«, in: *American Anthropologist* 112 (2010), S. 524–538.
Crane, Gregory, »Rediscovering Philology« (2013) {http://sites.tufts.edu/perseusupdates/2013/04/15/rediscovering-philology/}, letzter Zugriff 07.03.2016.
DeLong, Brad, »Is Economics a Discipline«? (2011) {http://delong.typepad.com/sdj/2011/03/is-economics-a-discipline.html}, letzter Zugriff 07.03.2016.
Dilthey, Wilhelm, »Die Entstehung der Hermeneutik« [1900], in: *Gesammelte Schriften* Band 5, Göttingen, 1990, S. 317–338.
Dutton, Michael, »The Trick of Words: Asian Studies, Translation, and the Problems of Knowledge«, in: *The Politics of Method in the Human Sciences: Positivism and Its Epistemological Others*, hrsg. von George Steinmetz. Durham, 2005.
Elman, Benjamin, *From Philosophy to Philology: Intellectual and Social Aspects of Change in Late Imperial China*, Los Angeles, [2]2001.
Entwistle, Harold, *Antonio Gramsci. Conservative Schooling for Radical Politics*. London, 1979.
Foucault, Michel, *Die Ordnung der Dinge. Eine Archäologie der Humanwissenschaften*, übers. von Ulrich Köppen, Frankfurt/M., 2003.
Frahm, Eckart, *Babylonian and Assyrian Text Commentaries: Origins of Interpretation*, Münster, 2011.
Gadamer, Hans-Georg, *Wahrheit und Methode: Grundzüge einer philosophischen Hermeneutik*, Tübingen, [3]1972.
Grafton, Anthony, *Defenders of the Text: The Traditions of Scholarship in an Age of Science, 1450–1800*, Cambridge, MA, 1994.

Gramsci, Antonio, *Selections from the Prison Notebooks*. London, 1971.

Horstmann, Axel, *Antike Theoria und moderne Wissenschaft. August Boeckhs Konzeption der Philologie*, Frankfurt/M., Berlin, Bern, New York, 1992.

Israel, Jonathan, *Democratic Enlightenment: Philosophy, Revolution, and Human Rights 1750–1790*, Oxford, 2011.

Ders. und Michael Silverthorne (Hrsg. und übs.), *Spinoza: Theological-Political Treatise*. Cambridge, 2007.

Jauß, Hans Robert, »The Limits and Tasks of Literary Hermeneutics«, in: *Diogenes* 28 (1980), S. 92–119. »Zur Abgrenzung und Bestimmung einer literarischen Hermeneutik« (S. 459–481)

Kaviraj, Sudipta, »The Sudden Death of Sanskrit Knowledge«, in: *Journal of Indian Philosophy* 33 (2005), S. 119–142.

Leitzmann, Albert (Hrsg.), *Briefwechsel zwischen Wilhelm von Humboldt und August Wilhelm Schlegel*, Halle, 1908.

Lepper, Marcel, »Deutsche Philologie im 18. Jahrhundert? Ein Forschungsbericht mit Bibliographie«, in: *Das Achtzehnte Jahrhundert* 36,1 (2012), S. 71–105.

Lerer, Seth, *Error and the Academic Self: The Scholarly Imagination, Medieval to Modern*, New York, 2011.

Leventhal, Robert S., *The Disciplines of Interpretation: Lessing, Herder, Schlegel and Hermeneutics in Germany, 1750–1800*, Berlin, 1994.

Ludlow, Peter, »The Living Word«, in: New York Times, 22. April 2012.

Marx, Karl, und Friedrich Engels, *Manifest der Kommunistischen Partei* [1848], Hamburg, 2012.

Messling, Markus und Ottmar Ette (Hrsg.), *Wort Macht Stamm: Rassismus und Determinismus in der Philologie*, München, 2013.
Miller, J. Hillis, *The Ethics of Reading: Kant, De Man, Eliot, Trollope, James, and Benjamin*. New York, 1989.
Nadler, Steven, *A Book Forged in Hell. Spinoza's Scandalous Treatise and the Birth of the Secular Age*, Princeton, NJ, 2011.
Narayana Bhattapada, *Apāṇinīyaprāmāṇyasādhana*, hrsg. von E. R. Sreekrishna Sarma. *Sri Venkateswara University Oriental Journal* 8 (1965); Texts and Studies 2.
Nietzsche, Friedrich, *Morgenröthe* [1881], *Sämtliche Werke: kritische Studienausgabe in 15 Bänden*, Band 3, hrsg. von Giorgio Colli und Mazzino Montinari. München, 1980, S. 9–331.
Ders., *Antichrist* [1895], *Sämtliche Werke: kritische Studienausgabe in 15 Bänden*, Band 6, hrsg. von Giorgio Colli und Mazzino Montinari, München, 1980, S. 165–254.
Pollock, Sheldon, »Introduction«, in: *World Philology*, hrsg. von Sheldon Pollock et al. Cambridge, MA, 2014.
Ders., »Philology in Three Dimensions«, in: *postmedieval*, vol. 5.4 (2014).
Ders., et al. (Hrsg.), *World Philology*. Cambridge, MA, 2014.
Ranke, Leopold von, *Über die Epochen der Neueren Geschichte* [1854], München, 1971.
Rorty, Richard, *Philosophy and Social Hope*, London, 1999.
Ders., et al. *Against Bosses, Against Oligarchies*, Chicago, 2002.

Said, Edward, *Humanism and Democratic Criticism*, New York, 2004.
Schestag, Thomas, »Philology, Knowledge«, in: *Telos* 140 (2007), S. 28–44.
Schlegel, Friedrich, *Kritische Ausgabe*, 18 Bände, hrsg. von E. Behler et al. Paderborn, 1959–1990.
Senior, Jennifer, »In Conversation: Antonin Scalia«, in: New York Magazine, 6. Oktober 2013, {http://nymag.com/news/features/antonin-scalia-2013-10/}, letzter Zugriff 07.03.2016.
Squires, Garry, »Interdisciplinarity in Higher Education in the United Kingdom«, in: *European Journal of Education* 27 (1992), 3, S. 201–210.
Thuard, Denis, et al., *Philologie als Wissensmodell / La philologie comme modèle de savoir*. Berlin, 2010.
Todorov, Tzvetan, *Symbolism and Interpretation*, Ithaca, 1982.
Vico, Giambattista, *New Science*, London, 2001.
Whitney, W. D., *Atharva-veda Sainhitā*, hrsg. und überarb. von Charles Rockwell Lanman. Cambridge, MA, 1905.
Ders., »Philology«, in: *Encyclopedia Britannica*, 11. Auflage, Band xxi, New York, 1911.

Schriftenreihe des Forum Transregionale Studien

Erste Auflage, Berlin 2016

MSB Matthes & Seitz Berlin
Verlagsgesellschaft mbH
Göhrener Str. 7 | 10437 Berlin
info@matthes-seitz-berlin.de

Druck und Bindung: Artdruk, Szczecin
Umschlaggestaltung
nach einer Idee von Pierre Faucheux
ISBN 978-3-95757-239-4

www.matthes-seitz-berlin.de

Schriftenreihe des *Forum Transregionale Studien*

Neil MacGregor

Globale Sammlungen für globalisierte Städte

Aus dem Englischen von Stefanie Rentsch

58 Seiten, Klappenbroschur

ISBN 978-3-95757-138-0

Ob Berlin, London oder Singapur: Jede Metropole vereint Menschen aus der ganzen Welt mit ihren unterschiedlichen Traditionen, Religionen und Sprachen. Auch die großen Museen spiegeln diese kulturelle Vielfalt der Welt wieder, stammen ihre Sammlungen doch ebenfalls aus aller Welt. Das Verhältnis der urbanen Vielfalt zu den globalen Sammlungen wirft die Frage auf, welche Rolle Museen in der modernen Stadt spielen. Beziehen sie die Menschen aus den Kulturen, aus denen ihre Objekte stammen, ein? Welche bürgerschaftlichen Aufgaben übernehmen Museen in der globalisierten Welt? Anhand zahlreicher Beispiele stellt MacGregor das Museum als Theatrum Mundi vor, als einen Ort, an dem die Besucher die Welt erfahren und die Stimmen derjenigen vernehmen können, die bislang keinen Widerhall in ihr fanden.

FRÖHLICHE WISSENSCHAFT BEI MATTHES & SEITZ BERLIN

Pravu Mazumdar
Gold und Geist. Prolegomena zu einer Theorie des Schmucks

Alexander Pschera (Hg.)
Bunter Staub. Ernst Jünger im Gegenlicht

Horst Dieter Rauh
Nächtliche Muse. Über die Träume bei Proust

Horst Dieter Rauh
Wittgensteins Mystik der Grenze

Jules Renard
Das Leben wird überschätzt
Aus dem Französischen und mit einem Nachwort von Henning Ritter

Arthur Rimbaud
Die Zukunft der Dichtung. Die Seher-Briefe
Mit einem Vorwort von Philippe Beck. Aus dem Französischen und mit einem Nachwort von Tim Trzaskalik

Warlam Schalamow
Über Prosa
Aus dem Russischen von Gabriele Leupold

Judith N. Shklar
Der Liberalismus der Furcht
Aus dem amerikanischen Englisch und mit einem Nachwort von Hannes Bajohr. Mit einem Vorwort von Axel Honneth und Essays

Peter Trawny
Adyton. Heideggers esoterische Philosophie